Poemas
DE
Victoria

Poemas de Victoria

Victoria Teresita González

TALENTO
PUBLICACIONES
2025

Título: *Poemas de Victoria*
Autora: Victoria Teresita González

I.S.B.N.: 979-13-991035-1-9

Edita: TALENTO Publicaciones (Samuel Juliá Cristóbal)
        E-mail: info@talentopublicaciones.com
        Web: www.talentopublicaciones.com

Todos los poemas y reflexiones de esta obra son de autoría original. Algunas expresiones reflejan intencionalmente el lenguaje de la Escritura y se usan creativamente como parte del enfoque devocional y espiritual del libro. Este contenido también está inspirado en diversas experiencias, predicaciones y reflexiones personales, integrando influencias espirituales y culturales para transmitir un mensaje auténtico. La Biblia ha sido una fuente fundamental para la inspiración de este contenido.

Edición POD.

En memoria de mis amados padres,
cuyo amor, enseñanzas y valentía,
siempre guiaran mi camino.

Índice

AGRADECIMIENTOS

Ninguna obra comienza, y mucho menos llega a su conclusión, sin que alguien haya influenciado o animado al autor. Esta no ha sido la excepción.

Si más de cinco décadas atrás alguien me hubiera dicho que escribiría un libro —y uno de inspiración cristiana—, sinceramente no lo habría creído. Esto solo ha sido posible por la gracia de Dios, quien utilizó a mi madre, **Laura González**, para invitarme a su iglesia, donde acepté a Cristo como mi Salvador y Redentor. Desde aquel momento, mi vida cambió por completo. Continúo aprendiendo y creciendo espiritualmente. Como todo cristiano, he enfrentado altos, bajos y pruebas, pero jamás ha estado ausente la presencia y la misericordia del Señor. Me aferro a Sus promesas con confianza, sabiendo que Él me acompaña en todo momento.

Deseo dedicarle a mi madre varios poemas incluidos en este libro. Ella los conoció y los leyó antes de partir a la presencia de nuestro Creador.

A mi padre, **Irene González**, también le debo profunda gratitud. Su valentía para enfrentar las realidades de la vida permitió que pudiéramos adorar a Dios en libertad y sin persecución. Hace más de cincuenta años emigramos de Cuba a los Estados Unidos. El llamado sueño americano no fue su mayor motivación. Él sabía que, si no abandonábamos nuestra tierra, tal vez no hubiéramos sobrevivido debido al ambiente político opresivo de la isla.

Aunque el plan de Dios no siempre es evidente al principio, hoy estoy convencida de que fue Su voluntad que llegáramos a este país. Siempre admiraré el coraje de mi padre, y por ello le dediqué el poema titulado **"Hombre de valor"**. Él también disfruta ahora del amor eterno de Dios, pues habita en Su presencia.

Quiero expresar mi profundo agradecimiento al **Reverendo Jeremías Aros**, mi pastor. Sus sermones, su vida íntegra y sus sabios consejos despertaron en mí el deseo de expresar públicamente mi gratitud a Dios. Durante mucho tiempo no encontraba el medio adecuado para hacerlo, pero muchas de las frases que él compartía desde el púlpito resonaron en mi corazón e inspiraron varios de los poemas que hoy forman parte de este libro. Reconozco que Dios lo ha usado para ser de bendición en mi vida. Él es un verdadero ejemplo a seguir: firme en sus convicciones, no solo por las prédicas, sino porque también las vive. En su honor, incluí el poema titulado **"Mi pastor"**.

Uno de los desafíos más grandes al escribir este libro fue la sección de agradecimientos. El espacio nunca es suficiente para expresar todo lo que uno desea decir. Espero que mis palabras hayan hecho justicia a cada uno de los mencionados, y también a los muchos hermanos de mi amada congregación, **North Shore Spanish Baptist Church**, quienes me apoyaron con sus oraciones y me animaron a compartir lo que Dios ha depositado en mi corazón.

Sus palabras de aliento hicieron eco en mi alma y me motivaron constantemente a continuar. Para ellos, dedico el poema titulado **"Mi iglesia"**.

A todos ustedes: **Los amo inmensamente.**

NOTA DE LA AUTORA

Este libro puede parecer poco ortodoxo a aquellos familiarizados con la poesía, pues va más allá de lo que generalmente se espera. Mientras que la Academia de Poetas de los Estados Unidos sugiere que 'la poesía no debe ser explicada, sino que debe valerse por sí misma', mi objetivo es invitarles a meditar sobre los temas tratados y, tal vez, iniciar conversaciones significativas sobre la fe.

Si al leerlos usted recuerda el día en que el Señor vino a morar en su corazón, si le ayudan a fortalecer su relación con Dios, o si le animan a compartir los dones y habilidades que Él le ha dado en su iglesia local, entonces mi propósito se habrá cumplido.

El Señor me ministró mientras investigaba cada tema antes de plasmar mis palabras en el papel. Oro para que usted también sea ministrado al leerlas.

Capítulo 1:
Fortalecida en Cristo

A Su voz no me pude negar

Cuando del púlpito oí el llamado,
mis piernas moví, acelerado.
Sintiendo gran necesidad,
apresuré mi velocidad.

Es que no podía disimular
lo que estaba por pasar.
La puerta de mi corazón
se abrió de la emoción.

A Su voz no me pude negar:
Cristo mis pecados quería tomar,
mi vida deseaba transfigurar
y mi pasado clausurar.

Prometiéndome la bendición
de espiritual liberación,
las cadenas de esclavitud
se desataron por Su virtud.

Con cada paso que tomé,
sentí Su mano orientándome.
En mis rodillas me desplomé,
a mi Salvador adoré.

Por mil pecados pedí perdón,
y Él sanó mi corazón.
Las tinieblas expulsó;
mi Héroe descendió… y me rescató.

(Inspirado en 2 Corintios 5:17 y Hechos 16:14)

Mi soledad

Mi soledad, tan serena y sonora,
es motivo de verbena, no secuestradora,
de mis pensamientos, de gozo y liberación,
donde no se escapa un sollozo ni exaltación,
sobre un Dios necesario y alumbroso.

Muchos dicen que la soledad es luto anticipado;
¡qué juicio tan equivocado!
La soledad no es abatida ni indiferente,
da frutos de recuerdos que cruzan mi frente,
de mi dulce adolescencia, sin conflicto aparente.

Mi soledad asienta mis emociones y pensamientos,
como consejera que guía mis sentimientos.
Me enseña a velar que la angustia no me envuelva,
a aceptarla como calma, no como fuerza que quiebra,
fortaleciendo así mi espíritu y su esencia.

Estar en silencio no es desperdicio,
pues puedo definir y adquirir
cercanía con mi Creador y Redentor,
lo que me brinda consideración
y profundiza en mí la naturaleza de Su amor.

Vuelvo a repetir: mi soledad es serena y sonora;
la celebro en silencio y en oración,
como si en mi interior brotara,
una conciencia que todo ampara,
volviéndome receptora del mensaje de Su salvación.

(Inspirado en Salmo 46:10, Isaías 30:15 y Filipenses 4:7).

Las sombras que me persiguen

Mientras huyo, cierro mis ojos para no ver las sombras que me persiguen:

Odio,
rencor,
soledad,
enfermedad,
tristeza
y vergüenza.

Llegando al final del callejón, no hallé salida.

Cuando di la vuelta, vi a Cristo, el Redentor, con brazos abiertos como un amanecer, recogiendo cada sombra y sustituyéndolas a medida con:

Amor,
amparo,
perdón,
sanidad,
alegría
y salvación.

Y, con el corazón liviano, seguí un camino de luz, ya sin huir, ya sin temer.

(Inspirado en Juan 8:12 e Mateo 11:28).

Luz que no se apaga

(voz pausada, solemne al inicio)

Ciento cuarenta y cuatro mil…
(pausa breve)
sellados en el cielo…
(énfasis en "cielo")
No por suerte,
no por conveniencia…
sino por fuego en el alma,
por la voz de Cristo que grita:
"Ve… lleva esperanza…"

(aumenta ritmo, pasos marcados con gestos)

Allí, en medio del caos,
ellos caminan.
Entre sombras, persecución,
tempestades que intentan apagar su luz…
(pausa breve, mirar al público)
pero la luz…
la luz no se apaga.

(voz más suave, íntima, mirando al suelo)

Y tú, que miras desde atrás…
que perdiste el momento de ascender con la Iglesia…
escucha…
todavía hay camino.
Todavía hay perdón.
Todavía hay un Salvador que dice:
"Vuelve a mí…"

(voz firme, aumentando intensidad)

Pero no será fácil…
No habrá comodidades.
No habrá calles pavimentadas de paz.
La tribulación rugirá,
las pruebas tocarán tu puerta
y gritarán tu nombre:
¿Tienes fe?

(pausa dramática, respiración profunda)

Sí, tendrás miedo…
Sí, sufrirás…
Sí, los enemigos de tu alma
te buscarán…
(mirada intensa al público)
pero si dices sí a Jesús,
si lo aceptas, si lo abrazas…
tu alma será más fuerte que la tormenta,
más fuerte que la noche,
más fuerte que cualquier código o máquina…
porque Él es la Luz que nunca se apaga.

(pausa larga, tono firme y elevado)

Ciento cuarenta y cuatro mil…
y todos los que se vuelvan a Él,
en medio de la tribulación…
serán fuego, serán esperanza,
serán testimonio vivo
de que la fe…
de que la fe siempre encuentra camino.

(transición a voz profunda y resonante, lento, con pausa)

Y cuando Él vuelva, después de la tribulación,
Jesús juzgará vivos y muertos…
y cada decisión, cada acto de fe,
será revelado…
y el destino eterno…
sellado por Su justicia y Su amor.

(final potente, con fuerza y resonancia)

Los fieles verán la recompensa…
los que resistieron…
serán luz eterna,
testimonio de que la esperanza nunca falla.

(respiración profunda, voz firme, mirada al cielo)

La luz…
no…
se apaga…

(Inspirado en Apocalipsis 7:4).

Si con Cristo pudiera hablar

Si con Cristo pudiera hablar,
imposible sería de articular,
de mi mente, tantas preguntas,
se me ocurren muchas conjuntas.

Primero le preguntaría:
¿Cómo me aconsejaría
esto de la otra mejilla ofrecer,
si una es suficiente abastecer?

¿Es verdaderamente posible perdonar
a quién solo sabe errar?
¿Cómo se puede olvidar la herida,
si constantemente mi alma se ve abatida?

¡Dime, por favor, te imploro!
¿Cómo perdono
y ofrezco misericordia
en medio de tanta discordia?

Con interrogación, Cristo me respondería:
¿No te encontrabas tú casi muerta en la periferia?
¿No vivías tú detrás de un negro velo?
¿Quién jamás se presentó por ti a abogar?
¿Acaso no te perdoné y revelé la Gloria del alto cielo?

(Inspirado en Mateo 5:39, Mateo 18:21-22).

El tiempo es ahora

No hay mañana garantizado,
ni excusa que justifique el paso cansado.
"El Señor está cerca", lo dijo Pablo con fervor,
y la tierra clama por conocer al Salvador.

No se trata de hacer por costumbre o rutina,
sino dar lo mejor, como ofrenda genuina.
Nuestro Dios no merece migajas de atención,
sino actos que nazcan de verdadera devoción.

La urgencia es real, las almas están cayendo,
¿Y nosotros qué hacemos, en qué estamos cediendo?
Él dio Su excelencia, Su vida, Su cruz,
y espera que vivamos reflejando Su luz.

No podemos callar lo que el cielo ha hablado,
ni esconder el fuego que el Espíritu ha soplado.
Con entrega total, sin temor ni demora,
debemos predicar: ¡El tiempo es ahora!

Que nuestra relación con Dios sea evidente,
no en palabras vacías, sino en vida obediente.
Porque amarle es vivir con intención y pureza,
dándole a Cristo toda nuestra entereza.

*(Inspirado en 2 Corintios 6:2, Efesios 5:15-16, Santiago
4:14 y Mateo 5:14-16).*

Tu rostro me ilumina. ¡Aleluya!

Jesús no era triste ni amargado,
Él fue y es todo lo contrario,
reflejando paz, gozo y claridad;
Sus palabras destilan esperanza y serenidad.

Él despertó en mi conciencia
a creer en algo más que mi existencia.
En amar y ser amada encontraré real felicidad,
ahora no tengo más necesidad.

Cristo me dio tantas cosas buenas;
las disfruto ahora por docenas.
Él es quien inunda mi alma
y me trae la necesaria calma.

Por eso no quiero de este mundo riqueza,
simplemente de Cristo Su belleza.
La victoria es segura,
y me libera de eterna sepultura.

Cuando me encuentro en tenebroso desierto,
Tu luz, Cristo, me dirige con acierto.
Al ser transformada, nada temo ya,
¡Tu rostro me ilumina, aleluya!

(Inspirado en Juan 8:12, Filipenses 4:7, Mateo 6:33 y 2 Corintios 5:17).

Una adolescente reciclada

¿Seguro que oíste que te llamaron vieja?
¡Qué atrevimiento! Merecen un jalón de oreja.
¿Es que no saben que habilidades estás adquiriendo,
como toser, estornudar (y otras cosas) al mismo tiempo?

Sin mencionar que, cuando encuentras el papel,
no sabes dónde dejaste el pincel.
Cuando a los dos logras juntar,
se te olvidó lo que querías dibujar.

Pero la juventud no se entera
que te haces chiva con tontera.
Y no es que estés vieja ni chiflada,
sino que eres una adolescente reciclada.

Por eso disfruta lo que Dios te proporcionó,
el amor de esposo e hijos que te otorgó.
Así que hoy, que cumples ochenta,
a esta nueva etapa hazle afrenta.

(Inspirado en Salmo 92:14 y Proverbios 17:6).

Te ofrezco el mejor remedio

Te ofrezco el mejor remedio,
sin Cristo nada es comparativo;
los poderes del mundo son un medio,
pero en Él hallarás lo definitivo.

Estuviste cerca de la muerte,
purifícate con hisopo y serás fuerte.
No te preocupes si te llaman leproso,
con Cundeamor tus males serán sigiloso.
Frótate limón y azúcar para curaciones,
si tu pecado te dejó algunas lesiones;
luego añade jazmín sin tardar,
tus cicatrices Cristo puede borrar.

No importa tu nerviosa tensión,
el aceite de mandarina calma la condición.
Si el insecto enemigo te quiere atacar,
unta albahaca y verás su poder cesar.

En Getsemaní, Su jardín encontrarás,
al Paladín fuerte que tus miedos ahuyentará;
Sus brazos se extienden y te invita a entrar,
ni los muertos pueden resistir Su amar.

Te ofrezco el mejor remedio,
tu decisión no tiene entremedio;
Cristo es el óleo con la Santa Unción,
sumérgete en Él, y goza de salvación.

(Inspirada en Éxodo 15:26 y Salmo 51:7).

Fortalecida por Su sangre

Oí por ahí un rumor
que pronto terminará este dolor,
y deberás hallar mucho valor
para evitar un destino peor.

Debes estudiar de Dios Su Escritura
para descubrir lo que se avecina,
y estar vestida con Su armadura,
porque viene un fin que nadie imagina.

Leyendo inspiraciones poderosas,
la mente de Dios conocerás,
no necesitarás más preguntas curiosas,
porque el mapa de la vida en tus manos tendrás.

Entonces debes confiar
solo en Aquel quien ministra luz,
y con poder Él te ayudará a luchar,
fortalecida por Su sangre derramada en la cruz.

No temas si el mundo se oscurece,
pues la luz del Altísimo brillará,
y aunque todo a tu alrededor perezca,
su promesa viva te sostendrá.

(Inspirado en Efesios 6:10-11, Apocalipsis 12:11, Juan 16:33 e Isaías 60:1).

¿Dónde van los mentirosos, mamá?
(Poema para declamar, con humor cristiano)

[Inicio – voz suave, tono de niña preocupada]
Mamá…
Tengo una pregunta que me tiene confundida,
el pastor dijo en la iglesia que los mentirosos…
(pausa)
no verán el cielo.
Y yo… dije una mentirita ayer.
(pausa)
Pequeñita. Casi santa.
¿Estoy perdida? ¿Ya no hay esperanza?

[Cambio de voz – tono de madre sabia y con chispa]
Mi amor…
si mentir fuera algo que te lleva directo al infierno,
(pausa con énfasis)
¡todos estaríamos en serios problemas!
Pero escucha bien, que te lo explico con estilo:
la verdad es la llave,
(pausa)
y la mentira… un hilo
que te enreda el alma si no cortas a tiempo.
Pero si hay arrepentimiento…
(pausa)
¡el cielo abre sus puertas sin argumento!

[Ritmo sube – tono animado y divertido]
Ahora, si mientes por costumbre,
¡prepárate que viene Elías!
Desde el cielo, con su sarcasmo de profeta:
"¡Grita más fuerte! ¡Tal vez tu mentira tiene respuesta!".
Y Pablo, con su estilo directo,
te diría:

"¡No hagas de la mentira tu forma de ser!".
Jesús te mira con amor, pero con un toque de ironía,
y te pregunta:
"¿No ves la viga que tienes en el ojo, mientras te quejas de
la astilla ajena?".

[Niña, confundida, interrumpe]
Mamá, no entiendo nada de esto…
(pausa breve)
¿Elías, Pablo, Jesús… qué están diciendo? ¿Qué significa
todo eso?

[Mamá, tono más suave, explicando con paciencia]
Ay, mi amor…
a veces los grandes usan palabras complicadas,
pero déjame explicártelo de otra manera, más clara:
Si mientes, Elías te va a decir:
"¡No te preocupes tanto por lo que los demás dicen, mira lo
que tú estás haciendo!".
Y Pablo, con su estilo directo, te diría:
"¡No hagas de la mentira tu forma de ser!".
Pero Jesús…
Él te mira con cariño y te dice:
"Mira, hija, antes de corregir a los demás, mira bien lo que
estás haciendo".

[Final – tono de ánimo y alegría]
Así que, no te preocupes,
(pausa)
si dices la verdad, ¡todo va a estar bien!
[Mamá, suavemente]
Entonces, mi amor…
(pausa)
¿Te arrepientes por haber mentido?
[Niña]
Sí, mamá, lo siento.

[Mamá, con alegría]
¡El cielo se ha llenado de alegría porque Cristo te ha perdo-
nado!
(pausa final, suave)
Recuerda, cuando pedimos perdón, Jesús borra todo y nos
da una nueva oportunidad.

*(Inspirado en Proverbios 12:22, 1 Juan 1:9, Mateo 7:3-5 y
Efesios 4:25).*

Hija del Rey

Cristo no murió por poco valor,
caro Él pagó, fue fiel Redentor.
Aunque muerte de cruz sufrió,
en cuerpo y espíritu resucitó.

Bañada estoy en Su santa lumbre,
mis muchos pecados Su sangre encubre.
Me libró de toda esclavitud,
Su amor recibo con gratitud.

Testifico hoy: Cristo es Mi Salvador,
está a la diestra, fiel Mediador.
Es mi dulce alegría,
sin Él, mi alma moriría.

Del Rey soy coheredera,
en alto llevo Su bandera.
Siguiendo Su tierna voz,
me guarda del enemigo atroz.

Si sediento estás, sin aliento,
perdido en vano pensamiento,
desecha la flor de vanidad,
y abraza la luz, la verdad.

(En colaboración con Laura González).

(Inspirado en Romanos 8:17, Efesios 1:7, 1 Pedro 1:18-19 y Juan 14:6).

Todo habla de Él
(Poema para declamar)

Respiro profundo…
(pausa)
Siento mi alma viva.

El aire lleva perfume de flores…
el pasto verde se inclina…
El sol baja entre las nubes
y me abraza con calor…
como si los brazos de mi CREADOR
me arroparan una vez más.

(pausa larga)
Y entonces me dicen:
"No existe DIOS."
(con incredulidad)

¿Cómo pueden decirlo?
¿Cómo pueden negarlo?
¡Si todo a su alrededor lo proclama!
(con intensidad creciente)

Los árboles levantan sus manos…
las nubes pintan Su gloria…
y hasta un rayo de luz
se atreve a predicar Su existencia.

Pero ellos no ven…
Están ciegos…
Tienen vendas en el corazón.
No levantan la mirada al cielo…
solo miran su teléfono…
No buscan la voz de DIOS…

solo buscan aprobación en un "like…"
Y su alma, hambrienta…
se alimenta de distracciones vacías…
cuando podría beber
del manantial eterno.

Las redes…
¡ah, las redes!
(con fuerza, golpe de voz)
Te atrapan…
te envuelven…
te consumen…
Comparación.
Ego.
Vanidad.

Mientras tanto, la oración se enfría…
la PALABRA queda cerrada…
y el espíritu se duerme…

Pero yo…
(pausa lenta, mirada al cielo)
yo elijo abrir los ojos…
yo elijo respirar profundo…
yo elijo ver
la obra perfecta
de Aquel que sostiene la vida…

Porque hasta las moscas…
las hormigas…
las abejas…
y las mariposas…
aunque pequeñas…
hablan más fuerte que los hombres.

Fertilizan la tierra…
dan alimento al mundo…
sostienen la creación…
declaran la grandeza de DIOS…

TODO HABLA DE ÉL.
Todo…
El cielo…
la tierra…
el agua…
el fuego…
La vida misma…

Y yo…
(pausa larga)
yo lo proclamo con voz firme:

¡DIOS EXISTE!
ÉL vive…
ÉL reina…
Y mi corazón…
mi alma…
mi voz…
¡LE PERTENECEN SOLO A ÉL!

(Inspirado en Romanos 1:20, Salmo 19:1, Mateo 6:26, Filipenses 3:19 y Apocalipsis 4:11).

CAPÍTULO 2:
VIDA Y FE CRISTIANA

Su luz es infinita

El amor de Dios es una columna
que sostiene al más débil y jamás se derrumba.
Aunque no lo creas, se puede experimentar,
y totalmente lo puedes alcanzar.

Te aseguro Su luz es infinita,
y esos problemas que agobian día a día,
cual la humanidad busca ávidamente,
Cristo resuelve gratuitamente.

Si Él perdona tus iniquidades,
¿cómo no sanará tus enfermedades?
¿Acaso no levantó de la tumba a un muerto?
¿Y no hace florecer el desierto?

Dios te invita a explorar Su amor,
corre hacia los brazos del Consolador,
y a la inmensidad de Su abrazo,
nada te podrá desatar de Su eterno lazo.

*(Inspirado en 1 Juan 4:9-10, Isaías 55:8-9, Mateo 11:28-30,
Juan 11:25-26 y Salmo 103:3).*

Tu mano extendiste para abrazarme

No encuentro cómo agradecerte,
mis palabras no son elocuentes,
cuando pienso que Cristo nació
y para conmigo se entregó.

¿Por qué llegó a tan cruel sacrificio?
Solo merecía de Dios Su juicio.
En vez de vida en penitencia,
me ofreciste benevolencia.

Tu mano extendiste para abrazarme,
un alma usaste para guiarme.
En mi corazón hubo quebrantamiento
y confesión de arrepentimiento.

Ahora el Espíritu Santo es mi guía,
vencer mis problemas me ayuda cada día.
Tu gracia llena todo mi ser,
refugio en Ti es mi sostener.

(Inspirado en Juan 3:16).

¿Qué más quieres de Mí?

Demostré que te quería liberar,
Mi trono abandonando, te vine a buscar.
Pero tu duda te tiene esclavizado,
de Mi bondad y compasión estás separado.

Igual que a David, Abraham y Jonás,
te ofrezco otra oportunidad.
De la mano quiero llevarte,
y con Mi amor perfumarte.

Comprendo, creer en Mí es inexplicable,
pero rechazarme no es aconsejable.
Porque rodeado estás en oscuro desierto,
donde el maligno anda en espera, te advierto.

Me implorabas que cansado estabas,
y en Mi casa morar deseabas.
¿Entonces por qué de Mí rostro huyes,
y de tu vida Me excluyes?

¿Qué más quieres de Mí?
¿No basta que por ti
tus pecados absorbí,
y en la cruz Mi vida di?

(Inspirado en Mateo 23:37).

Vuelve al primer amor

No dejes que se enfríe el fuego,
ese amor que un día te cambió,
cuando orar era un anhelo
y Su voz tu mayor canción.

El alma se nutre en lo secreto,
con detalles, con atención,
con palabras dichas en lo íntimo,
con tiempo, con comunión.

¿Recuerdas cómo le hablaste antes?
¿Las frases dulces, tu devoción?
Ahora tu agenda está tan llena…
¿Y el Señor? Él sigue en tu habitación.

Ya no cuentas tu día en la noche,
ni lo bueno ni lo gris del corazón.
El trabajo, el cansancio, la rutina…
y Jesús esperando tu oración.

Pierdes el deseo de ir a la casa,
la pasión por Su Palabra se apagó.
Lo que era placer, ahora es deber,
¿cómo se perdió esa adoración?

Pero aún no es tarde, no te alejes más.
¡Vuelve a Jesús! Él no se ha ido jamás.
Con los brazos abiertos te espera en amor,
con ternura y gracia, tu Primer Amor.

(Inspirado en Apocalipsis 2:4-5, Mateo 22:37).

No existe enfermedad

Son tantos Sus hechos poderosos;
mi Dios unipersonal sanó a leprosos,
dos demonios expulsó
y al Gadareno liberó.

En Capernaúm jamás se vio cosa parecida;
nunca en nuestra memoria ha sido deslucida.
¡Imagínate el panorama!,
cuando bajaron a un paralítico postergado en cama,
por el tejado, delante de Jesús y del poblado.

Cristo solo habló Su decreto,
y el paralítico quedó sano por completo:
"¡Hijo, tus pecados son perdonados!", pronunció.
Tomó su lecho y a casa caminó.

Cuando el paralítico pudo andar,
su corazón empezó a celebrar;
lleno de gozo y adoración,
su vida era pura gratitud y canción.

Dondequiera que sus pasos iban,
la fe en Cristo todos veían;
ya no temía enfermedad ni aflicción,
su andar era un himno de exaltación.

No existe enfermedad,
y mucho menos muerte u oscuridad,
para quien a Cristo ama
y Su nombre proclama.

La fe tu amparo será,
y tu miedo adormecerá,
si en Dios pones tu confianza
y le alabas sin tardanza.

(Inspirado en Mateo 9:2-7).

No quiero de este mundo riqueza

Las palabras de Jesús destilan serenidad,
dan esperanza, paz, gozo y claridad.
En amar y en el servir se encuentra la felicidad;
así fue manifiesta de Cristo Su bondad.

Cristo me dio tantas cosas buenas,
las disfruto ahora por docenas.
Él es quien inunda mi alma
con la necesaria calma.

No quiero de este mundo riqueza,
simplemente de Cristo Su belleza.
Él la victoria me asegura,
librándome de eterna sepultura.

Cuando me encuentro en tenebroso desierto,
Tu luz, Cristo, me dirige con acierto.
Al ser transformada nada temo ya,
Tu rostro me ilumina… ¡aleluya!

(Inspirado en Mateo 6:19-21, y 1 Juan 1:5).

Vestir de toda armadura

Debes vestir de toda armadura,
cual tu sobrevivencia te asegura.
Necesitas equipo para la defensiva,
igual que elementos para la ofensiva.

Fíjate en el soldado romano,
usa estrategia con precisión de cirujano.
De rodillas, su escudo le protege del fuego;
el cristiano está a salvo, cubierto por su ruego.

El cinturón evita que la túnica se enrede,
y con la verdad de Dios siempre vencerás, quede
firme tu corazón, sin temor ni desvarío,
pues Su luz guía tus pasos en todo desafío.

Esas botas militares, diseñadas para el combate,
durante largo tránsito serán tu rescate;
y con el evangelio de paz al mal conquistarás,
permanecerás firme y no resbalarás.

No necesitas casco ni pesada armadura,
ni un ejército para tu alma estar segura;
solo la espada del Espíritu requieres,
y victoriosa serás si a la Palabra de Dios te adhieres.

(Inspirado en Efesios 6:10-18).

Salid a recibirle

Ni plata ni oro, Cristo te ofreció,
pero lo que poseía, lo compartió.
Su respuesta no fue condenación,
adquirido fuisteis para redención.

Así como al cojo en la Puerta Hermosa,
Él te invita a cambiar tu vida pecaminosa.
Si confiesas tu arrepentimiento,
con Cristo alcanzarás el firmamento.

El cojo, sano, entró al Templo saltando y alabando,
y con fe y gozo su testimonio proclamando.
Solo es necesaria tu obediencia;
Su sello será la garantía de tu herencia.

Nunca más tu día se nublará,
luz y calor Cristo te proveerá.
Decídete: tus pecados te tienen preso;
¡sé veloz! ¡Estás a la puerta de Su regreso!

Afuera se oye el clamor a descubrirle:
ya viene el Esposo… ¡salid a recibirle!

(Inspirado en Hechos 3:1-10 y Mateo 25:6)

Si te dejas arrastrar por la serpiente

El mundo hala por aquí, nos empuja por allá,
comienza a levantar contramuralla
entre tu relación con tu Creador;
poco a poco entra el aguijoneador.

"Vive como tú quieras", te dice el mundo,
aunque resultes vagabundo.
"Nada malo hay en lo perverso,
¿acaso no lo hace el universo?".

Si te dejas arrastrar por la serpiente,
tu final será hirviente.
Serás como olas que chocan,
y al vacío desembocan.

Tus ojos, atacados con espiritual ceguera,
decisiones malas serán ardiente abrazadera.
La Santa Palabra indica que tu final sería
comparado solo a una carnicería.

No esperes a estar al borde del abismo,
rodeado de cruel cataclismo,
donde solo se encuentran valles nebulosos
y gemidos de ayes dolorosos.

Solo tú puedes correr la carrera,
¿qué esperas? ¡Acelera!
Cristo se encuentra en la línea final;
con Él gozarás perpetuo manantial.

(Inspirado en Génesis 3:1-6, 1 Juan 2:16, Romanos 6:23, y Mateo 7:13-14).

Esfuérzate y sé valiente

Mi problema comenzó al conocerte;
día tras día intenté olvidarte.
Por mis amigos fui rechazada
cuando de Tu amor testificaba.

Sentía que iba a volverme loca
por el odio que salía de su boca.
En medio de aquella tormenta,
mi mente casi revienta.

Sin saber lo que sucedía,
mi corazón Tú desbastabas,
eliminando lo que no querías
y dejando solo lo que te honraba.

Jesucristo me ministraba constantemente;

De repente oí:
"¡Esfuérzate y sé valiente!"

Su presencia comencé a sentir,
y la oscuridad dejó de existir.

Los conflictos de mi interior
fueron resueltos con Su amor.

Ahora disfruto paz y armonía,
y mis días se llenan de alegría.

(Inspirado en Josué 1:9 y Filipenses 4:13).

Te hablo y no me oyes

Sé que el mundo te tortura,
y has perdido tu ilusión,
porque veo tu amargura
en existencia sin motivación.

Estás tocando fondo,
evitando a quien debes acudir.
Solo Yo te leo en lo hondo;
a Mí no me puedes evadir.

Estoy golpeando a tu puerta
y no me dejas entrar.
Te ofrezco Mi amor infinito,
del infierno te quiero librar.

Redimirte quiero de la muerte,
pero nada tienes que pagar.
Mi espalda es ancha y fuerte,
tus errores y pecados Yo los puedo cargar.

No continúes con tu vana negación,
¿no ves que te brindo eterna salvación?
Casi te suplico, si Me quieres seguir:
te hablo y no me oyes, —o ¿no Me quieres oír?

(Inspirado en Apocalipsis 3:20 y Isaías 1:18).

La belleza es...

Mírame bien...
No solo con tus ojos,
mira con el alma.
¿Ves estas pecas?
¿Y mi pelo rojo?
Como llamas encendidas,
que Dios encendió sin pedir permiso.

Son constelaciones...
Y fuego.
Pintados por el Creador,
con intención,
con propósito.
No son casualidad.
Son firma divina.
Soy arte celestial.
Unos nacen con rizos dorados,
otros con trenzas negras como la noche.
Algunos llevan fuego en el cabello…
Llamas rojizas que bailan con el sol.

Y todos...
Todos fuimos esculpidos por el mismo Creador.

Pero escucha...
No hay espejo que refleje
la verdadera belleza,
si el corazón está vacío.

Porque lo más hermoso que puedes llevar...
es un espíritu humilde.
Unas manos dispuestas.
Un alma que se entrega.

Belleza es...
Quien barre la iglesia en silencio.
Los que llegan temprano al templo.
Los que preparan las sillas,
y el café,
y abrazos calientes.

Quien ora por otros,
sin ser visto.
Quien entrega su tiempo,
sus fuerzas,
y sí, hasta su dinero.
Para enviar agua al sediento.
Esperanza al olvidado.
Sonrisas envueltas en cajitas de cartón,
a niños que nunca han tenido un regalo.

Cuando abren esa caja...
y gritan:
¡Un juguete, mamá!
¡Un juguete!
¡Y hasta lápices de colores!

Belleza es...
Dar sin esperar aplausos.
Amar sin condiciones.
Servir en lo secreto.
Llorar con los que lloran...
Reír con los que ríen...

Porque mientras el mundo celebra lo superficial,
Dios mira lo esencial.
Él no ve maquillaje,
ni modas, ni filtros.
Él ve el corazón que se parte en pedacitos,
para alimentar al hermano.

Así que si tienes pecas...
o cicatrices...
o arrugas de sabiduría...
y un cabello rojo,
como fuego del cielo,
no lo escondas.

Son las huellas de un Dios
que firma cada rostro como obra única.

Y si tienes amor en el alma...
¡MUESTRALO!
Porque esa, hermano, hermana...
es la belleza que trasciende.
La que permanece.
La que alaba el Cielo.
Refleja a Cristo.
Y eres...
La poesía viva del cielo.

(Inspirado en 1 Samuel 16:7, Mateo 6:3-4, 1 Pedro 3:3-4, Efesios 2:10).

Su voz calma; el miedo

En medio de la tormenta, bajo el cielo gris,
Cristo camina sobre el mar, con poder y eludir.
Su autoridad en acción, sobre el caos Él trae paz,
sin restricción, Su presencia da la paz.

¡Tened ánimo, soy yo!
Su voz calma el miedo, trae esperanza al viento,
El Hijo de Dios, enseñando en el momento,
que con fe en Su palabra no hay razón para temer.

Pedro caminó, pero al ver las olas se hundió,
al desviar la mirada, la fe se debilitó.
Pero en su clamor —"¡Señor, sálvame!"—
Cristo lo levantó, mostrándole Su poder y amor.

Él es la roca firme, en la tormenta y el mar,
la paz que sobre el caos nos puede guiar.
Aunque el mundo ruja, y todo se agite,
con Cristo, nuestro corazón resplandece y se permite.

(Inspirado de Marcos 4:39-40 y Mateo 14:33)

Capítulo 3:
Reflexión y crecimiento espiritual

La ausencia de su presencia

No tiene fin la soledad después de su muerte;
el golpe ha sido muy fuerte.
Mi tristeza es palpable,
es que el rostro del duelo es poco afable.

Hubiera querido que fuese yo
la primera en pasar por ese desmayo,
pero aún no me atrevo a rechazar
ni a la sabiduría de Dios cuestionar.

Mi Creador me manda a ser valiente
y esperar en Él, siendo paciente.
Me ha prometido que en gloria nos reuniremos
un día muy venidero.

Por eso te alabo y te adoro, Jehová,
agradecida estoy por la paz, tu consuelo y bondad,
y sí, también por la ausencia
de su presencia.

(Inspirado en 2 Corintios 5:8 y Filipenses 4:7).

La huella de Tu amor

"Amiga" es palabra insuficiente
para describir nuestra relación claramente.
Por eso, para quien oiga este mensaje,
hoy con gran estima te rindo homenaje.

Entre lágrimas hago memoria
de nuestra apacible historia.
Como madre me corregiste
y, muy merecido, me reprendiste.

Desde niña hasta tu vejez,
siempre viviste con honradez.
Me enseñaste que el verdadero camino
es la carrera hacia la corona de nuestro destino.

Virginia, brillante doncella,
en mi corazón dejaste tu huella.
Nunca olvidaré tus besos y abrazos;
junto a Cristo han sido nuestros lazos.

(Inspirado en 2 Corintios 5:8, Filipenses 4:7).

¿No oyes que te llaman a la puerta?

Aunque formas parte de Su creación,
por el pecado perdiste tu conexión.
Para un encuentro con el Señor,
necesitas modificar tu corazón
y hacer acto de confesión.

¿No oyes que te llaman a la puerta?
Si lo ignoras, tu alma quedará muerta.
Si la abres, hallarás total perdón,
nuevo será tu corazón,
y gozarás de eterna comunión.

Muchas pruebas llegarán,
aun tu fe cuestionarán.
Huestes inmundas te atacarán;
te aseguro, fracasarán.
Las alas del Altísimo te protegerán.

Después de tantos dolores,
vendrán innumerables bendiciones.
Tendrás motivos de celebraciones,
y regocijo hallarás de libertad,
sintiendo la presencia de Su lealtad.

¿Qué esperas para dar el paso?
¿No entiendes que el tiempo es escaso?
¿Mejor propuesta has recibido acaso?
¿No oyes que te llaman a la puerta?
¡Apresúrate! No dejes tu alma expuesta.

(Inspirado en Apocalipsis 3:20 y Salmo 91:4).

Tu consideración imploro

Parte 1: Camino a la humildad

Difícil el camino de la humildad;
maldito orgullo, ¡qué calamidad!
Débil y sin amor nos deja;
esta es la moraleja.

Busco mi culpa justificar,
para mi conducta no cambiar.
Mi pretexto de "no quise hacerlo"
es que mi pecado no quería verlo.

Solo me engaño, mi pecado excusar,
pero a Dios no se puede engañar.
Cristo por mí no puede abogar
si ignoro a quien debo glorificar.

Dios, ¡Tu consideración imploro!
Ya lo entiendo y Te confieso todo.
Sé que eres capaz de perdonarme
y durante mis pruebas acompañarme.

Hoy quiero compartir mi historia,
porque conozco Tu misericordia.
La humildad del egoísmo me libera,
abierta al Reino, ya veo la puerta.

(Inspirado en Proverbios 16:18, 1 Juan 1:9, Mateo 9:13, Mateo 7:13-14).

Parte 2: Vida transformada

Hoy mi vida se ha transformado,
mi corazón por Dios ha sido guiado.
Cada paso que doy en Su camino,
me acerca más a Su divino destino.

Comparto con otros lo que aprendí,
la misericordia que recibí.
Mis errores ya no me definen;
Su amor en mí siempre camine.

En la oración hallo consuelo y fuerza,
Su Palabra me sostiene y me dispersa
del miedo, la duda y la tristeza,
llenándome de paz y certeza.

Si tú también deseas hallar perdón,
abre tu corazón sin condición.
Dios extiende Su mano, sin tardanza,
y te llena de esperanza y confianza.

(Inspirado en 2 Corintios 5:17, Mateo 18:33, Filipenses 4:6-7).

La bicicleta de Dios
(Poema para declamar)

Un niño preguntó a su papá:
—Papá…
¿por qué no puedo ver a DIOS…
ni escucharlo…
ni tocarlo…
si en la iglesia dicen que se puede? **(pausa)**

El niño suspiró…
—Le oro…
¡y no me responde tampoco! **(pausa fuerte)**

El papá sonrió…
suavemente…
y preguntó:
—Hijo…
¿y qué es lo que le pides a DIOS? **(pausa)**

El niño, con ojitos brillantes…
dijo sin dudar:
—¡Quiero una bicicleta! **(pausa, enfatizar "bicicleta")**

El papá se agachó…
y le susurró:
—Hijo…
a veces DIOS escucha…
pero responde diferente…
No siempre con ruedas ni pedales…
sino con alas en tu corazón…
con fuerza en tus piernas…
y con caminos que tú aún no ves…
(pausa dramática)

El niño miró al cielo, confundido…
y el papá le abrazó, diciendo:
—DIOS siempre responde…
a veces nos da lo que necesitamos…
muchas veces nos da lo que nos hace crecer…
y siempre, siempre…
nos da Su amor… **(pausa larga)**

Y aquel niño comprendió…
Que, aunque su bicicleta aún no apareciera…
su corazón ya volaba sobre el cielo…
montado en la fe…
sosteniendo las ruedas de su esperanza…

(pausa humorística, sonrisa)

Y al día siguiente…
¡el papá apareció con una bicicleta nueva!… **(pausa fuerte, sorpresa)**
—Mira, hijo… DIOS escucha…
y a veces…
usa a tu papi como mensajero.

(Inspirado en Isaías 55:8-9, Filipenses 4:19, Romanos 8:2).

La caída de los corazones
(Poema para declamar)

La caída de los corazones…
(pausa lenta)
es el primer latido del orgullo…
un susurro en el viento de la creación.

Y en ese susurro,
un ángel se ve a sí mismo,
más grande que Su Creador.

Y dice:
(con voz firme, pausada)
"Yo seré más alto.
Yo seré más grande.
Seré semejante al Altísimo…"
Pero el sol no brilla
para los que buscan robar su luz.
(pausa corta)

Lucifer…
(el tono baja, con peso)
el "portador de luz",
cayó de la gloria.
Su luz se apagó,
y la oscuridad lo abrazó…
como un hijo pródigo
en su propio pecado.

Caín…
(el nombre con fuerza y dramatismo)
el hermano celoso,
con la ofrenda vacía de fe,
no entendió que Dios no mira
lo que brilla sin amor.

Dios busca lo que se ofrece
desde el alma,
en humildad…
en fe.

"Y Caín mató a Abel…"
(pausa fuerte)
Por celos.
Por orgullo.
Por desobediencia.
Dios lo advirtió,
le dio la oportunidad…
pero Caín se cerró.

La muerte
se convirtió en su único camino.

Lucifer se perdió
en su trono de ilusiones.
Pensó que podía desafiar al Creador…
pero el ego solo crea muros.

Y el amor de Dios…
(pausa suave, esperanzadora)
nada lo detiene.

Caín, aunque maldito,
fue marcado con misericordia.
Porque Dios, aún en el dolor,
le dio una señal:
"No serás destruido,
porque el caído puede ser restaurado".
(pausa larga, profunda)

La caída de los corazones…
la verdadera guerra
no es contra otros…
es contra el monstruo
que habita en nosotros.

Ese monstruo que se alimenta
de miedos y orgullo.

Pero Dios…
siempre está presente.
Y en la caída,
Su misericordia…
¡nunca nos abandona!

(ritmo creciente, con fuerza)
Escoge el amor.
Escoge la fe.
Que no sea tu corazón el que caiga.

Porque lo que destruye al hombre…
(pausa dramática)
es el hombre mismo,
cuando decide no ser restaurado.

(Inspirado en Isaías 14:13-14, Génesis 4:5-8, Génesis 4:15, Romanos 5:20, Gálatas 5:16, Filipenses 2:3-4).

¡Auxilio, socorro! mi alma grita

Tu voz he dejado de oír,
sin ella siento que voy a hundir.

Creo que he perdido el camino,
porque sin Cristo todo es dañino.

¡Ay, los círculos viciosos!
Vacíos, pero peligrosos.

Mi adicción al placer mundano,
no logro saciar ni un instante sano.

Mis emociones son trampolín,
en esta pesadilla sin fin.

Cada día más pasajero,
busco sentido y me desespero.

Tu juicio intento evitar,
pero me he dejado arrastrar.

Día tras día empeoro,
dame de beber, te imploro.

"¡Auxilio, SOCORRO!", mi alma grita;
esta crueldad jamás fue escrita.

Llega veloz la respuesta:
¿Ni aun contigo eres honesta?
¿Aún me ocultas tu esencia?
¡Sabías que sin el Mesías
tú alma perderías!

Suplico otra vez entrar al huerto…
¡Despierta, DESPIERTA, aún no has muerto!

(Inspirado en Juan 10:27).

Con Cristo hago mi última resistencia

Nací para Tu propósito,
Eres Jehová, quien guía mi andar. Soy tu súbdita,
compensada estoy con paz y tranquilidad,
cual a mis días traen serenidad.

Mi oración: sabiduría, profunda y sencilla,
y que me acompañes durante cada pesadilla.
Sin ti solo hay sombras, temor y caída;
contigo, soy feliz, libre y agradecida.

Cada mañana disfruto de Tu alegría,
contemplo la vida con Tu sabiduría.
Anhelo inhalar Cristo de Tu perfume,
y de mis labios Tu aroma nunca se esfume.

Cuando la tempestad a mi alrededor bramaba,
firme en Ti, jamás mi alma se acobardaba,
porque confiada estoy de Tu presencia;
contigo, Cristo, hago mi ÚLTIMA RESISTENCIA.

*(Inspirado en Jeremías 29:11, Filipenses 4:7,
Isaías 41:10).*

El verdadero tesoro

El carro caro no es el fin,
ni la casa grande, sin alma ni sentido.
Tantas habitaciones vacías,
como un corazón lleno de vanidad,
que piensa que en el oro hallará la paz.

El oro pierde su resplandor,
y la plata se oxida con el tiempo,
todo lujo se desvanece con el viento.
Pero el amor de Cristo, ¡oh!,
resplandece más que el oro,
más que cualquier joya en el cuello,
y nunca pierde su esplendor.

Lo que cuelga de tu cuello,
es una soga que aprieta,
atándote a deudas, a miedos, a ego.
El precio de la vanidad
te consume hasta el último aliento,
pero Cristo ofrece libertad.

Es mejor no tener posesiones,
y tener el brillo de Cristo en el alma.
Porque Él es noble, eterno,
y su luz nunca se apaga,
ni se opaca con los años que pasan.

El amor de Cristo es constante,
es la joya que nunca pierde su resplandor.
En Él encontramos el verdadero tesoro.

(Inspirado en Mateo 6:19-21 y Pedro 1:7).

Cuán sutil la ruina provocada

Dime con quién andas y te diré quién eres;
cuando llegue la tentación, quizás no la toleres.
La influencia de amigos llenos de maldad
te robará la dicha, la verdadera felicidad.

¡Ay! ¡Cuán sutil la ruina provocada,
cuando nuestra alma se ve amenazada!
Todo comienza con indiferencia,
y termina en perversa consecuencia.

Así como Dalila engañó a Sansón:
—"Confía en mí, ¿no soy yo tu pasión?".
Toda su fuerza y su valentía
perdió al seguir la mala compañía.

Si, como él, esperas ser derrotado
para recordar a Dios y su cuidado,
te arriesgas —y solo muerte te espera—,
respiras... pero eres una calavera.

No basta con no ceder;
la vida exige escoger:
entre las cenizas junto a Lucifer
o las caricias que Cristo te quiere ofrecer.

(Inspirado en Proverbios 13:20 y Jueces 16:17).

Cuando supe que el Señor me amaba

Tan grande fue el amor del Señor,
que sufrió por mí todo mi dolor.
Su único y fiel propósito
fue rescatar mi corazón decrépito.

"Confía en mí" —dice el Señor—,
"y habitaré en tu interior.
Tendrás paz y nueva esperanza
cuando a Mí eleves tu alabanza".

Cuando supe que el Señor me amaba,
segura estuve al ver Su mirada.
Eres, Señor, todo en mi pensamiento;
solo Tú das luz a mi firmamento.

Y ahora quiero entregarte mi vida,
para siempre, en cada uno de mis días.
Quiero darte mi humilde melodía,
pues Tú eres mi eterna alegría.

(Inspirado de Salmo 23:1, Filipenses 4:7 y Juan 15:13).

Adonaí, grande y majestuoso

Adonaí, Grande y Majestuoso,
eres el Altísimo, y ejerces soberanía,
desde Jordania hasta la lejana bahía.
Mostraste tu inmensa autoridad
cuando a Moisés diste habilidad.

Al Faraón le dejaste en claro tu mando,
y en pocas aguas su ejército fue naufragando.
El Shaddai, eres el Todo Suficiente,
y en tus promesas confío, valiente.

En los momentos más tenebrosos,
me guías por senderos luminosos.
Dios de Israel, digno de respeto,
tu plan es fiel, abierto y perfecto.

Tu promesa de un gran Redentor
cumpliste en Cristo, Mesías y Salvador.
Jehová-Shalom, eres el Señor armonía,
tu amor resuena en mi ser como sinfonía.

Y viendo en tus manos creadoras ternura,
en ellas hallo refugio y dulzura.

(Inspirado en Éxodo 7:3 y Filipenses 4:19).

Capítulo 4: Enseñanzas y motivación

Aún busco Tu paz

Parte 1: La voz del alma

No duermo…
No como…
Veo un solo color…
aquel del dolor.

Mi mente es un nido
de ruidos sin sentido.
No supero el ayer…
me cuesta renacer.

Cada día que miro…
se escapa en un suspiro…
pues ya no escucho Tu Voz,
y me envuelve el enemigo atroz.

Me impide sentirte,
y en mí descubrirte,
porque arrastro vanidad…
y me falta integridad.

Adonai…
aún busco Tu Paz…
serena mi ansiedad con Tu luz eficaz.

Si te recibo en mi corazón,
brotará gratitud y adoración.

*(Inspirado en Salmo 34:18, Salmo 18:2, Filipenses 4:7,
Isaías 61:3).*

**Parte 2: Respuesta divina al clamor del alma.
Dios habla:**

Hija mía…
escuché tu clamor…
tus lágrimas llevan Mi dolor.

Cada noche en que te escondías…
mis manos fieles te sostenían.

No estás sola en tu quebranto…
aún en silencio, Yo te canto.
Cuando el alma ya no resiste…
Mi presencia en ti persiste.

Aunque el enemigo ruja profundo…
Yo soy tu escudo en este mundo.
Soy tu verdad, tu fortaleza,
tu sanador con gentileza.

Tu mente cansada… Yo la aquieto,
y en tu pecho derramo Mi decreto:
"Eres amada, perdonada,
a Mi presencia restaurada".

No temas ese pasado roto…
Yo lo transformo, gota por gota.

Mi gracia cubre tu debilidad…
y Mi paz vence tu ansiedad.

Vuelve a Mí… sin pretensión…
no busco obras… sino tu corazón.
En tu humildad hallo deleite…
y en tu entrega, Mi luz resplandece.

Yo soy tu paz… tu dirección,
tu refugio… tu canción.
Aunque no Me veas… estoy…
y en cada paso, contigo voy.

(Inspirado en Salmo 34:18, Salmo 18:2, Filipenses 4:7, Isaías 61:3)

Mujer valiosa

Cuando tengas temor,
piensa en la palabra valor,
porque estás bendecida
y con habilidades ceñida.

Así lo prometió el Creador,
obsequiada con propósito por mi diseñador.
Por Él fui creada con el pincel de Su amor,
y me dio colores bellos, como los de una flor.

No para ser orgullosa,
sino para que fuera valiosa.
Él, de valores me llenó;
no importa la prueba, a vencer me enseñó.

Cuando nuestra fe es puesta en acción,
no hay dudas ni falta de disposición.
Como Débora, una verdadera heroína,
profetizó que Sísara de mano de mujer moriría.

A través de las épocas, las mujeres valiosas han brillado,
porque con valor Dios las ha armado.
¿Mujer valiosa, dónde la hallarás?
¡Mírate en el espejo; allí la encontrarás!

(Inspirado en Proverbios 31:10, Jueces 4:9, Salmo 128:3).

Mi Príncipe azul

Mi Príncipe azul es muy real;
en su presencia estar es ideal.
El hombre dice tener mucho de ofrecer,
pero en Cristo, el amor siempre ha de crecer.

Debo ser difícil de atrapar,
porque del lobo es imposible escapar.
La picadura del escorpión
puede ser permanente aflicción.

Me advierte: el corazón es engañoso,
a mi enemigo lo declara como mentiroso.
Él me defiende a capa y espada,
si mi alma es acechada.

Igual que a Cenicienta, al sonar la campana,
huiré en mi carruaje hacia la luz temprana.
Abandonaré mi zapato de cristal,
en busca de Cristo y su Palacio Real.

Al horizonte se acerca mi príncipe;
la multitud también ansía ser partícipe.
Es una algarabía de felicidad…
¿No palpas la electricidad?

(Inspirado en Jeremías 17:9, Salmo 18:2, 1 Juan 4:9-10).

Qué afortunada ser Tu hija

Qué afortunada ser tu hija,
desde niña en tu amor vivía.
Tu instrucción fue mi guía,
evitó que naufragara en la vida.

Mi bienestar continuamente velaste,
y con valentía me equipaste.
Cada meta que me propongo,
contigo y el Señor siempre las logro.

Aunque solo en mi fantasía,
me siento parte de la aristocracia.
Cada mañana me sirves mi cafecito,
¡ay, qué momento tan bendito!

Lograste tu meta al enseñarme
qué significa ser buena madre.
Poco tengo con que pagarte,
te aseguro, siempre voy a amarte.

(Inspirado en Proverbios 1:8, Proverbios 31:25-26, Efesios 6:2-3).

Ven, claridad

Daría todo por Tu mirada,
que Tus ojos me miren en calma.
Todo lo tengo, gracias a Ti,
ya no puedo ocultarlo aquí.

Ya me enteré, no tuviste que hablar;
Tu promesa me hizo confiar sin dudar.
Rompiste paredes con Tu amor,
me amaste con eterno favor.

El mundo adorna lo que va a quebrar,
pero Cristo es fiel, no me va a fallar.
Por esa promesa puedo confiar,
me insta a olvidar lo que puede derrumbar.

Su amor es firme, nunca fallará,
y en cada paso sentiré Tu compás.
Ven, claridad, ilumina mi ser;
ven con Tu luz, déjame ver.
Muéstrame el camino, que brille Tu paz,
y en Tu verdad siempre firme será mi andar.
Soy ejemplo vivo de Dios,
que libera del error feroz.

Cristo, dueño es de mi ser,
en Él puedo siempre creer.
Una vida nueva me espera ya;
Él cumplirá en mí Su verdad.

Y tú, que oyes mis palabras hoy,
da un paso al frente, no mires atrás.
Tu vida feliz será,
como la mía, y en paz estará.

¡Dios responde!:
Con brazos abiertos vengo a Ti;
Mi casa es tuya, ven aquí.
Mi Amor es eterno, sin condición,
bienvenida siempre, en Mi Corazón.

(Inspirado en Proverbios 3:5-6, Romanos 8:38-39, Juan 8:12).

Capítulo 5:
Iglesia y comunidad

Mi iglesia

Hay un edificio
donde cultos damos inicio;
a Dios elevamos oraciones,
cual Él responde con soluciones.

Fuimos comprados con cruel sufrimiento,
pero en Cristo no hubo lamento;
por eso en Él creemos,
paz y comunión hoy tenemos.

Mi iglesia es santa por naturaleza;
aquí abunda el amor en riqueza.
Nuestro lema es restauración,
contrario al mundo, que trae destrucción.

No por casualidad llegamos a este lugar;
propósito hubo de nuestras vidas unificar.
Cada uno descubre su función
para cumplir la divina misión.

Mi iglesia es más que algo sólido;
aquí encuentro amor cálido.
Aunque somos muchos por separado,
juntos jamás seremos derrotados.

Hoy para ti es la invitación:
únete a nosotros por adopción.
Participa en esta iglesia libremente;
con Dios tus temores les darás frente.

(Inspirado en Efesios 2:19-22, 1 Corintios 12:27).

Mi pastor

Mi Pastor no es autoridad,
sino parte de mi comunidad.
Él enseña, con amor orienta,
y a sus ovejas fieles apacienta.

Si piensas que él es desabrido,
te digo: no es así, ni aburrido.
Simplemente entiende del amor de Cristo,
que es su clamor más puro y visto.

Mira su escudo y su significado,
porque él es un hombre afortunado.
Dos espadas, instrumentos de guerra,
cambió por la Biblia, y a ella se aferra.

El azul refleja justicia sincera,
que aplica con piedad verdadera.
Para él no es carga ni sacrificio,
cumplir su deber en fiel servicio.

La plata distingue su integridad,
su dedicación y su lealtad.
Felizmente aceptó la servidumbre
a Elohim, con noble mansedumbre.

Y esa faja, del ceñidor la coraza,
hoy con lágrimas él la abraza.
No importa lo arduo del combate:
su vida, Cristo siempre llega al rescate.

(Inspirado en 1 Pedro 5:2-3, Juan 10:11)

La esposa del pastor

Pocas mujeres buscan la posición,
pero a Dios se someten sin excepción,
cuando aceptan ser la esposa de un pastor
por amor a su Redentor.

Difícil trazar un criterio universal,
pero sí debe ser espiritual,
aun siendo su propia persona,
cual solo al Creador impresiona.

Tiene su vocación,
oyendo problemas de emoción,
ayudando a los afligidos,
de su sanidad estén convencidos.

Aunque no lo creas, ella es humana
y se levanta muy de mañana,
constituye ingrediente fundamental:
la salud de su familia es primordial.

A su esposo le presta oído
cuando llega a casa de su labor sufrido,
brindándole comprensión,
entendimiento y compasión.

Le manda de su corazón la intención,
debe ser íntima y en meditación;
su dedicación un día sería conocida,
la recompensa de Dios nunca es escondida.

Su nombre, ¿qué significa? Estrella.
En el huerto de Dios es una flor bella.
¿No la conoces? Te presento a Ester:
de mi Pastor, ella es su mujer.

(Inspirado en Proverbios 31:10-12, 1 Corintios 9:5).

Hombre de valor

¿Cómo se reconoce a un hombre de valor?
¿Alguien hermoso, bello o encantador?
Esto no lo creemos,
porque hay mejores ejemplos.

Mientras el mundo habla de amor,
este hombre de valor
no necesita usar su voz,
solamente una sonrisa y un abrazo muy veloz.
¿Sacrificios? Ni mencionarlos,
porque son muchos para contarlos.

Cuando su familia pide ayuda,
no hay obstáculos ni duda.
No importa costo ni distancia,
siempre responde con constancia.

Cuando la adversidad se presenta,
sin argumentos la enfrenta,
respondiendo con trabajo y sudor.
Después, disfruta ese fruto con pudor.

Inculcando a su familia que hay que ser soñador,
con persistencia y educación,
sin miedo y sin aprensión,
se alcanzará toda meta,
¡incluyendo el ser poeta!

¿Cómo se reconoce a un hombre de valor?
¡He aquí nuestro padre!
Hombre de ejemplo,
con carácter, constancia y de Dios convicción.

(Inspirado en Proverbios 31:10-12, 1 Corintios 9:5).

Cinco décadas compartidas

¡Wow, medio siglo casados!
Sin duda, por Dios guiados,
derramando lluvias de bendición
sobre tan fiel y bella unión.

El motivo de esta reunión
es expresar con gran emoción
nuestra más sincera felicitación,
sin caer en vana adulación.

Cinco décadas compartidas
no han sido por suerte vividas;
pues se valora más el amor
que el brillo fugaz del oro en su esplendor.

Con esfuerzo y dedicación
formaron un hogar de comprensión,
educando con sabiduría y fe,
guiando a sus hijos al camino del Rey.

Sin duda pasaron momentos
de lucha, dolor y lamentos,
mas Dios cambió esos fragmentos
por gozo, salud y buenos tiempos.

Su árbol dio fruto en su estación,
porque oraron con devoción.
A Dios rogamos que Él añada
más gozo y paz a su boda dorada.

(Dedicado al Pastor Obed Millán y su esposa Gladys, en celebración de sus Bodas de Oro).

(Inspirado en Eclesiastés 4:12 y Salmo 128:3-4).

Capítulo 6:
Esperanza y victoria espiritual

Tres Marías: Hijas de la esperanza

Tres mujeres, tres destinos,
cada una con su camino.
Unidas por Su amor divino,
bajo la cruz, al mismo destino.

María, madre, bendita entre todas,
al pie de la cruz, su alma lloraba.
Con mirada fija y corazón quebrado,
vio a su hijo amado, en sacrificio entregado.

María Magdalena, de siete demonios liberada,
con gratitud y fe renovada,
caminó junto a Él sin miedo ni vergüenza,
con Él encontró su esperanza, su defensa.

María, esposa de Cleofás, silenciosa y fuerte,
testigo fiel hasta la última muerte.
Al igual que las otras, sin dudar,
le siguió hasta el final, dispuesta a amar.

Juntas, las tres, al pie del calvario,
presenciaron el sacrificio necesario.
Con fe y valentía, entre la multitud,
ofrecieron su amor, su vida, su virtud.

En la tumba vacía, fue María Magdalena
quien vio la gloria de Cristo, la vida plena.
El primer encuentro tras la muerte cruel,
fue para ella, la revelación del bien y del cielo.

Tres Marías, tres nombres, tres amores,
pero solo uno, el de Cristo, da vida y dolores.
En Su resurrección, renacen las tres,
y el mundo, por ellas, recuerda la fe.

(Inspirado en Juan 19:25-27, Marcos 16:9).

El pasado

Si el pasado no existiera,
sería como si no tuviera
memorias felices
de mis más queridos,
y todos serían desconocidos.

Para algunos de nosotros,
regresar al pasado
es solo ver escombros,
porque hay sentimientos
que causan repugnancia
y tratamos de huir
por intolerancia.

Pero Dios nos invita
con clamor,
a que le entreguemos
nuestra amargura y rencor,
porque es mejor perdonar
que en nuestras penas ahogar.

Si esto hacemos,
Él de todo se encargará,
y el malhechor
no nos afectará,
estando eternamente
en Sus brazos ceñidos,
donde el alma sana
y el dolor es vencido.

(Inspirado en Isaías 43:18-19 y Efesios 4:31-32)

Semillas del cielo

¿A dónde vas, alma inquieta,
persiguiendo luces que se apagan?
La locura que abrazas no sana,
sólo cubre tu sed con escarcha.

Te lo digo Yo, que vi este mundo nacer,
tejido en Amor, pero herido en su ser.
Se alzó la envidia, cayó la verdad,
y el polvo gritó contra la eternidad.

Todo aquí es ilusión, disfraz de dolor,
una fiesta de sombras sin rumbo ni Sol.
Más no temas, porque pronto vendrá
el día en que el Justo reinará.

Ese día la rebelión será silenciada,
la mentira huirá, la tierra será lavada.
Y tú, que no encajaste, que fuiste negado,
serás levantado, llamado amado.

Porque los desadaptados son las semillas del cielo,
no encajan aquí, pues nacieron eternos.
Son los locos, los pobres, los rotos,
que oyen la Voz en medio del lodo.

No son del mundo, por eso el mundo los teme, pero
en sus ojos brilla lo que no muere.
Son faros encendidos en la niebla espesa,
y su dolor, aunque grande, lleva promesa.

(Inspirado en Mateo 5:3-12).

¿La envidia del enemigo? – No tiene corazón

El enemigo,
al ver nuestra alegría en Cristo,
no la soporta.
Él, que jamás ha conocido el gozo verdadero,
intenta apagar nuestra luz,
porque su alma… está vacía.

En él no habita corazón.
Lucifer, al alejarse del Altísimo,
perdió lo esencial:
la chispa de vida,
el destello de eternidad
que lo sostenía.
Y ahora, vaga
en la más densa oscuridad.

Lucifer no tiene corazón—
solo rabia,
solo soberbia.
Se mueve como un eco hueco,
como un abismo sin fondo,
hambriento de algo
que jamás podrá llenar.
Porque está desconectado
de la Fuente de toda vida.

No conoce el amor.
No entiende la paz.
Solo respira odio,
vive de orgullo,
y se alimenta de resentimiento.

Y, aun así,
aunque intente robarnos la paz,
y sofocar nuestra llama,
no puede.
No tiene poder sobre lo que no comprende:
el amor de Dios,
la victoria de Cristo en nosotros,
la luz que Él mismo encendió en el alma.

Aunque el enemigo camine entre sombras,
nosotros resplandecemos con la luz de Dios.
No puede tocar nuestro gozo,
porque en nosotros late el corazón divino,
y Su luz… jamás se apaga.

Su furia no basta
para apagar lo que Dios ha encendido.
Así que, aunque se levante,
aunque siembre dudas y temores,
nuestra alegría es más fuerte,
nuestra paz más profunda,
y nuestra esperanza… está anclada en Cristo.

El enemigo no puede robar
lo que nunca fue suyo:
un corazón lleno de amor,
porque él, simplemente,
no tiene corazón.

(Inspirado en Juan 8:44 y 1 Juan 3:10)

Milagros de amor

Dijeron que no… que no habría vida,
que el vientre de mi hija quedaría sin dicha.
Pero los médicos solo practican,
y es Dios quien obra, quien cumple, quien dicta.

Yo rogué a Dios por años enteros,
con lágrimas hondas, con sueños sinceros.
Mis rodillas gastadas conocieron el suelo,
clamando al cielo con todo anhelo.

Primero llegó Joaquín, mi sol brillante,
con sus ojitos nobles y alma vibrante.
Después Estefanía, flor inesperada,
con su ternura la casa fue transformada.
Y cuando Adrián, el tercero, nació,
la casa entera en júbilo se volvió.

Teresita y Eliud, con corazones rendidos,
fueron tres veces por Dios bendecidos.
Yo, abuela feliz, no dejo de orar,
mis lágrimas se tornaron en cantar.
Sus risas, sus juegos, sus tiernas tonterías,
alegran todos mis días.

Porque sí, son mis nietos, mi orgullo, mi canción,
y en cada uno veo la mano del Buen Pastor.
Dios no se equivoca, Él siempre responde,
cuando menos lo esperas… Su milagro se esconde.
Los doctores pronostican, pero Dios decide,
y a veces da más de lo que uno pide.

Por eso hoy vivo con el corazón rendido:
¡Dios oyó mi oración… y me ha bendecido!

(Inspirado en 1 Samuel 1:27 y Efesios 3:20).

Vi a los tuyos, vi a los míos

(Parte 1, El Encuentro en La Luz)

De repente, la oscuridad despejó,
una luz radiante mis ojos tocó.
En una inmensa ciudad me encontraba,
a la distancia vi a alguien que a mí se acercaba.

Al estar a unos pasos, percibí una fragancia,
cual por el ambiente estaba en abundancia.
Era como el jazmín o la rosa,
y aspiraba profundo esta fragancia hermosa.

Hacia Él corrí con prisa,
y me abrazó el Salvador con una sonrisa.
Paseábamos por las calles entre tantos conocidos,
vi a los tuyos, vi a los míos, todos eran bienvenidos.

No llegaba a contar a tantos que cantaban,
con sus brazos estrechados a Jehová alababan.
Derramaban lágrimas no por dolor,
sino por el privilegio de dar al Rey loor.

Con cánticos nuevos a Él adoraban,
al unísono se regocijaban.
Algunos en pie, otros arrodillados,
en los brazos de Dios alojados.

De pronto, una voz suave y serena
rompió el silencio, cual luz que resuena.
El aire se llenó de una calma profunda,
y algo en mi ser, al fin, descubrió la senda.

La multitud calló, y la luz brilló más,
un canto celestial se alzó en paz.
La voz de Dios, como eco en el viento,
nos llevó al umbral de un divino pensamiento.

Parte 2, Las bodas del Cordero

Dios habla:
Escucha, hija mía, te revelo el plan,
las bodas del Cordero, fin de todo afán.
He preparado un banquete de vida y de paz,
donde no habrá hambre ni dolor, solo Mi faz.

El Cordero ha venido, Su voz resuena,
el Reino eterno, como estrella que no frena.
Tu nombre está escrito en Mi mano fiel,
y en Mi gracia eterna, te doy Mi laurel.

Has sido fiel, tu alma ha sido guardada,
el perdón se extiende, y la paz es abrazada.
Un himno: Me elevan, oyendo Mi voz,
y en la luz de Mi gloria florece el amor.

No temas el camino, porque el cielo se abre,
y te conduzco al banquete, donde la gloria arde.
A la boda del Cordero, unión eterna y sagrada,
y junto a Mi mesa, la salvación será tu morada.

El Pueblo responde:

¡Aleluya, aleluya, aleluya!
Cantamos con todo el corazón,
al Cordero, al Rey, a la eterna redención.

(Inspirado en Apocalipsis 21:3-4, Apocalipsis 19:7-9)

Todo se cumplió al minuto

Dios habla y suceden maravillas;
nació la luna y las estrellas brillan.
Ordenó la tierra formar,
hubo pasto y hierbas al brotar.

Todo se cumplió al minuto,
los árboles dieron su fruto.
Solo con Su resplandor
proveyó luz y calor.

Hizo al hombre a Su semejanza,
dándole toda Su confianza.
Creó su ayuda idónea, la mujer,
prohibiendo de una "fruta no comer."

A mí me formó distintiva,
con personalidad exclusiva.
En el vientre de mi madre hizo historia,
dándome nombre de Victoria.

En vez de mis pecados condenarme,
envió a Su Hijo a salvarme,
la única fuente de vida:
Su amor me ampara y me cuida.

¿Por qué no pruebas lo que Él te ofrece?
Manantial de agua Él abastece.
Al darle tu afirmativo,
nuevo pacto Él hará contigo.

(En colaboración con Laura González).

(Inspirado en Génesis 1:1-3; 1:26-27, Romanos 5:8, Hebreos 9:15).

Luz en la tribulación

Ciento cuarenta y cuatro mil, sellados por el cielo,
con voz de fuego llevan esperanza en su vuelo.
Entre sombras y pruebas, proclaman sin temor,
el mensaje de Cristo, de salvación y amor.

Los que atrás se quedan, sin el arrebatamiento,
aún pueden hallar vida, perdón y entendimiento.
Si sus corazones aceptan al Salvador,
la gracia los alcanza, aunque el camino sea de dolor.

Más la senda es estrecha, la prueba es sin igual,
la tribulación ruge con juicio y tempestad.
Quien abraza la fe en medio de la aflicción,
sostiene su alma firme por la divina protección.

La persecución aprieta, la angustia los alcanza,
pero Cristo los guía con infinita esperanza.
Aunque perdieron el momento de ascender con la Iglesia,
sus almas aún brillan bajo la luz que no mengua.

Que la fe se mantenga, que el amor los sostenga,
que el Espíritu los llene y la gracia los proteja.
Porque aun en la tribulación, bajo juicio y tentación,
la salvación perdura, es eterna bendición.

(Inspirado en Apocalipsis 7:4 y Mateo 7:14).

Determinado a vencer

Goliat**… (pausa fuerte)**
Un nombre que pesaba más que su armadura…
Un gigante que no solo gritaba con la boca…
gritaba con su presencia…
Su sombra era una amenaza…
su voz, una sentencia… **(pausa)**

Pero ahí venía David**…**
Sin título…
sin corona…
sin miedo… **(pausa breve)**
Solo una honda…
cinco piedras…
y un corazón encendido por el fuego del Cielo**… (pausa larga)**

¡Escucha bien!
David no fue a improvisar…
No fue a probar suerte…
Él fue a vencer… **(énfasis)**
Porque cuando DIOS te respalda…
ya no peleas por tu fuerza… **(pausa)**
peleas desde Su victoria… **(pausa)**

Goliat parecía invencible…
pero fue vencido con una piedra…
porque lo que para el hombre es poco…
para DIOS es suficiente… **(pausa dramática)**

David no tembló…
no lo pensó dos veces…
no esperó la aprobación de otros…
¡Actuó!
Rápido. Firme. Determinado… **(pausa fuerte)**

Y cuando Goliat cayó…
David no se detuvo…
No celebró antes de tiempo…
Corrió…
Tomó la espada del enemigo…
y con ella…
le cortó la cabeza… **(pausa dramática)**
¡Eso es determinación!
No solo derrotó el obstáculo…
lo eliminó… **(pausa)**

Y tú…
sí, tú…
también tienes gigantes delante…
Goliats que gritan…
que se burlan…
que dicen que no puedes… **(pausa)**
La misma fe que movió a David…
está disponible para ti…
La misma mano que guió su piedra…
te sostiene a ti hoy…
y el gigante que hoy grita…
mañana será solo el eco de tu victoria… **(pausa larga)**

No lo pienses más…
No retrocedas…
No te excuses…
No te detengas… **(pausa fuerte)**
Levántate…
Toma lo que DIOS puso en tus manos…
Corre hacia el campo…
Enfrenta a tu gigante…
Porque fuiste creado por DIOS…
determinado a vencer… **(énfasis final, voz firme)**

(Inspirado en 1 Samuel 17:45-47 y Filipenses 4:13)

¿Viste tú?

¿La infame traición por solo ofrecer bendición?
¿Cómo Me humillaron y Mis vestiduras rasgaron?
¿Cada latigazo y Mi piel hecha pedazos?

¿Viste tú?
¿Las heridas por la corona de espinas,
como Mi sangre Mi vista nubló?
¿Cómo Me escupían y cruelmente se burlaban de Mí?
¿Con el desprecio con que fui pateado,
y de Mí se reían con cada caída?

¿Mis pies y la huella de cada dedo,
como por el pueblo fui arrastrado?

¿Viste tú?
¿El tamaño de esos clavos,
cuál Mis muñecas y pies traspasaron?
¿Cuándo en el madero Me levantaron,
estremeciendo Mi cuerpo entero?
¿Cuándo estuve sediento,
y vinagre en hisopo Me ofrecieron?
¿Cuándo, ya impacientes,
los soldados Mi costado con lanza traspasaron?

¿Viste tú?
¿Qué, quejas ni una por Mis labios pasaron?
Que por ti Mi sangre derramé,
para que obtengas eterna salvación.
Aún no Me arrepiento — no tengo resentimiento.
Hoy te miro Yo:
¿Qué te atreves tú a hacer por Mí?

Hoy, mientras lees,
Mi voz te llama, no te acusa.
Estoy aquí, con los brazos abiertos.
No solo quiero que veas Mi sacrificio,
quiero que recibas Mi vida.
Acércate…
Ven…
Cree...
Porque todo esto lo hice… por ti.

(Inspirado en Mateo 27:27-31, Juan 19:1-5, Lucas 23:33-34, Isaías 53:3-5).